LON
ET SES

Londres est l'une des villes les plus passionnantes du monde. Fondée par les Romains vers l'an 43 de notre ère, comme port de commerce. Elle est demeurée un centre de commerce depuis lors. Elle est aussi la capitale et le siège des monarques et du Gouvernement depuis 1066. Chaque coin de rue est chargé d'histoire, mais avant tout, Londres existe pour le plaisir de ceux qui l'habitent ou la visitent. Ce livre indique les points connus et les traditions intéressantes, mais aussi les lieux populaires et culturels, dont deux attractions récentes : l'Œil de Londres (British Airways) et le Dôme du millénaire. Pour connaître les heures d'ouverture et les stations de métro ou les gares les plus proches de chaque attraction, voir *Renseignements pratiques*, pages 62 à 65.

La Tamise

La Tamise se faufile à travers Londres, reliant des sites historiques ou nouveaux. Ce fleuve a constamment été utilisé comme voie d'accès depuis la préhistoire. Le nom de Londres vient peut-être du celte *Llyn-din* signifiant « lieu du fleuve », mais ce furent sans doute les Romains qui construisirent le premier pont sur la Tamise et posèrent les fondations de la ville qu'ils baptisèrent Londinium. Le premier pont en pierre fut construit il y a huit cents ans : le seul pont de la capitale jusqu'en 1749. Il y a aujourd'hui dix ponts (routiers, ferroviaires ou piétonniers) entre le parlement et le quai St-Katherine.

Le **pont de Westminster** est un point central, d'où l'on peut explorer Londres en suivant le fleuve. Des bateaux de plaisance descendent jusqu'à la Tour de Londres et à Greenwich. Le chemin qui longe la rive sud est une promenade fascinant, loin de la circulation, allant du pont de Westminster jusqu'à Tower Bridge, la Tour de Londres et au-delà.

La plus belle vue de Londres et du fleuve est celle qu'on a du sommet de l'**Œil de Londres** (côté sud du pont de Westminster). Cette grande roue de 135 mètres est la plus haute du monde et le point de vue panoramique le plus élevé de Londres. Il faut une demi-heure pour faire un tour complet, ce qui donne aux passagers des trente-deux nacelles d'observation amplement le temps d'admirer la ville dans toutes les directions et, par temps clair, la campagne au loin.

L'Œil de Londres est situé juste en face du County Hall, qui abrite aujourd'hui l'**Aquarium de Londres** et le **Panthéon du football de première division**. Cet aquarium, l'un des plus grands d'Europe, a deux réservoirs énormes consacrés aux océans Atlantique et Pacifique. Le panthéon contient des expositions destinés à distraire les fans de football de tous âges.

Le complexe **South Bank**, le plus grand centre artistique du monde, comprend trois salles de concert – Royal Festival Hall, Queen Elizabeth Hall et Purcell Room – et des salles consacrées à l'art, au théâtre et au cinéma – National Theatre, National Film Theatre, London IMAX Cinema et Hayward Gallery. De plus, le complexe comprend une abondance de cafés, cafétérias et étalages de livres, et présente souvent des spectacles et expositions gratuits.

CI-DESSUS :
L'Aiguille de Cléopâtre, sur la rive nord de la Tamise

À GAUCHE :
L'Œil de Londres

À DROITE :
L'Aquarium de Londres

À L'EXTRÊME-DROITE :
Le Théâtre du Globe de Shakespeare

CI-DESSOUS :
La rive sud

En aval se trouvent Bankside et Southwark. Là, dans une centrale électrique réaménagée, la **Tate Modern** abrite la collection d'art moderne nationale. À côté, le **Théâtre du Globe de Shakespeare** a été minutieusement reconstruit. Ce théâtre est très fidèle à l'original, y compris le toit de chaume, le premier autorisé à Londres depuis le Grand incendie de 1666. Les pièces de William Shakespeare et d'autres dramaturges élisabéthains y sont jouées en plein air en été. Un mémorial consacré à Shakespeare se trouve à la **cathédrale Southwark**, près du Théâtre du Globe.

HMS *Belfast*, musée flottant à face la Tour de Londres, est le croiseur de 11 500 tonnes qui, en 1944, commença le bombardement de la côte normande. C'est l'un des navires historiques ancrés le long de la Tamise.

Le paysage au-delà de Tower Bridge a beaucoup évolué au cours des siècles. Les réaménagements ont insufflé une nouvelle vie aux quais abandonnés, autrefois très animés : le **quai St-Katherine**, près de la fameuse tour, est un port de yachts. Des bureaux, magasins, habitations, ateliers, un chemin de fer local et même un aéroport occupent d'anciens entrepôts et plusieurs quais.

Le Greenwich royal

À GAUCHE :
Le Cutty Sark à Greenwich

À DROITE :
L'Observatoire royal (Flamsteed House)

CI-DESSOUS :
Le Dôme

Pendant des siècles, le Royaume-Uni fut une grande puissance maritime. Greenwich, à 8 kilomètres en aval de London Bridge, compte plusieurs souvenirs du passé maritime national. Sur la rive, le **Collège naval royal**, chef-d'œuvre de Christopher Wren fut construit vers 1700, sur le site du palais Placentia. Ce collège contient la Galerie peinte, avec son plafond peint par Sir James Thornhill, et une chapelle possédant un maître-autel de 8 mètres, réalisé par Benjamin West, représentant St-Paul se débarrassant de la vipère.

Derrière se trouve le **Musée maritime national**, qui contient des archives et des reliques de cinq cents ans d'histoire navale. Il se situe en partie dans la **Maison de la reine**, dessinée par Inigo Jones en 1616 comme palais pour Anne du Danemark, épouse du roi Jacques Ier. Il est considéré comme l'un des plus beaux bâtiments Renaissance du pays.

Flamsteed House, qui date de 1675, abritait autrefois l'**Observatoire royal**. Du sommet de la colline, dans le parc de Greenwich, il surplombe le Musée maritime et la Tamise, et rappelle avec grandeur la place prédominante qu'occupait autrefois le Royaume-Uni dans le monde. Le premier méridien, de longitude zéro, la ligne imaginaire qui relie les pôles nord et sud, fut fixé à Greenwich en 1884 ; il est marqué d'une plaque sur un chemin. On peut se vanter d'être à cheval sur les deux moitiés du globe en plaçant un pied de chaque côté de la ligne. Sur la tourelle, un mât porte une boule rouge, qui tombe tous les jours à 13 heures précises, indication autrefois précieuse aux navires qui longeaient la Tamise.

Le *Cutty Sark*, clipper du XIXe siècle qui transportait du thé, est à sec sur la rive de Greenwich. Près de là se trouve le yacht de Sir Francis Chichester, le *Gipsy Moth IV*, dans lequel il navigua en solitaire autour du monde, de 1966 à 1967.

En aval de Greenwich se trouve le **Dôme**, construit en 1999 pour célébrer le millénaire et pour servir de point de repère à l'avenir.

5

Greenwich vu du fleuve

La Tour de Londres

Guillaume le Conquérant fit élever cette forteresse massive dont la position stratégique, à la limite est de la City, permettait de protéger Londres, de soumettre et d'intimider ses citoyens et d'en surveiller l'accès par le fleuve.

La **Tour blanche**, de 1078, a des murs de 3 à 4,5 mètres d'épaisseur. Elle fut construite en calcaire du Kent, avec des détails en pierre blanche de Caen. La plus ancienne église de Londres, la chapelle de St John, de 1080, se situe à l'intérieur des murs de la Tour blanche.

À partir de ce donjon roman, central et dominant, la Tour de Londres se développa pendant quatre cents ans. Elle est entourée de deux murs de protection, tous deux ponctués de nombreuses tours qui, elles aussi, sont entourées et défendues par une douve – aujourd'hui asséchée – et des ponts-levis. Pourtant, cette forteresse impressionnante ne fut jamais vraiment menacée durant ses neuf cents ans d'existence.

Cette citadelle fut un palais royal, le siège du Gouvernement, mais aussi le site d'événements sanglants de l'histoire de l'Angleterre. Entre ses murs, les rois, reines, princes et personnages de haut rang partagèrent le même sort que les espions, les conspirateurs et les traîtres. À la Tour de Londres, les prisonniers étaient emprisonnés, torturés, décapités ou assassinés.

1. Douve
2. Pelouse de la tour
3. Chapelle de St Peter ad Vincula
4. Joyaux de la Couronne
5. Tour blanche
6. Tour Wakefield
7. Tour du milieu
8. Tour Byward
9. Tour Bell
10. Porte des traîtres
11. Tour St Thomas
12. Tour sanglante
13. Musée des Fusiliers royaux

CI-DESSOUS :
Vue aérienne de la tour

EN HAUT :
La Tour blanche

À DROITE : *Hallebardier de la garde royale*

C'est par la **Porte des traîtres**, avec son arche de 18 mètres de large, que pénétraient ceux qui étaient accusés de conspiration. Elle donnait accès direct, en bateau ou en péniche depuis la Tamise, dont les eaux remplissaient la douve. La **Tour sanglante** est l'endroit où les « petits princes » – Édouard V et son frère Richard – auraient été étouffés en 1483.

Tower Green est l'endroit où de nombreux personnages royaux ou nobles périrent. Près de là se trouve la **Chapelle royale de St Peter ad Vincula** (St Pierre enchaîné) où furent enterrées de nombreuses victimes. Les exploits notoires d'un certain roi sont liés à la tour. La deuxième femme d'Henri VIII, Anne Boleyn, en partit pour se rendre à son couronnement, mais elle y fut aussi décapitée en 1536. Un sort similaire échut à sa cinquième épouse, Catherine Howard, en 1542. Sir Thomas More et Lady Jane Grey y furent aussi exécutés. Autres prisonniers : le roi David II d'Écosse, au XIVe siècle ; la princesse Élisabeth (future reine), au XVIe siècle ; Guy Fawkes et ses complices, qui complotèrent de faire exploser le parlement, au XVIIe siècle ; et Rudolph Hess, adjoint d'Hitler, au XXe siècle.

À GAUCHE :
La Tour blanche

EN BAS AU CENTRE :
Arche sous la Tour sanglante

EN BAS À GAUCHE :
La chambre haute de la Tour Wakefield

EN BAS À DROITE :
Hallebardier de la garde royale devant St Peter ad Vincula

À DROITE :
Porte des traîtres

À GAUCHE :
Salve de canon sur Tower Wharf

On dit que si les corbeaux partent, la Tour blanche tombera et un grand désastre s'abattra sur le royaume. C'est pourquoi on leur rogne les ailes. Le Maître des corbeaux les nourrit et les protège.

La tour abrite les reliques sanglantes de l'histoire anglaise, mais aussi ses gloires. Les **joyaux de la Couronne** sont exposés en permanence dans une chambre forte moderne construite spécialement. La couronne la plus ancienne, parmi les insignes de la royauté, est celle de St Édouard, pour le couronnement de Charles II, en 1661 : elle est toujours utilisée pour les du couronnements. La couronne impériale, créée pour le couronnement de Victoria, en 1838, est garnie de 3 000 diamants et d'autres gemmes dont le rubis donné au Prince noir en 1367, et porté par Henri V à Azincourt en 1415. Au sommet de la couronne se trouve l'un des diamants appelés *Étoiles d'Afrique*, taillés à partir du Cullinan, le plus gros diamant jamais trouvé, qui pesait 682 grammes avant d'être taillé. La couronne d'Élisabeth II, créée

À GAUCHE :
Couronne de St Édouard

EN BAS À GAUCHE :
Corbeaux de la Tour de Londres

en 1937, porte le diamant *Koh-i-noor* (montagne de lumière), dont l'histoire légendaire a trois mille ans.

Le quotidiene de la tour est toujours ponctué de rituels. Le soir, le chef de la garde ferme les portes avec les clefs qu'il présente ensuite au gouverneur – rituel vieux de sept cents ans. Les **hallebardiers de la garde royale** portent encore l'uniforme de l'époque Tudor.

Près de la Porte des traîtres, une ouverture dans le mur mène à **Tower Wharf**, où des salves de canon sont tirées pour les événements importants, puis mène à Tower Bridge.

12

La City

CI-DESSUS :
Tower Bridge

À DROITE :
Mécanisme de levage des ponts basculants

Tower Bridge, le pont le plus célèbre de Londres, est un miracle d'ingénierie hydraulique ; il fut conçu il y a à peine plus de 125 ans par Sir Horace Jones, qui mourut alors que les travaux commençaient, et par Sir John Wolfe Barry. Les ponts basculants de 1 000 tonnes sont levés pour laisser passer les bateaux élevés entre ses tours de style gothique. S'élevant du lit du fleuve, les tours abritent le mécanisme d'origine, qui soulève la route en une minute et demie. Construit de 1886 à 1894, pour 800 000 livres, Tower Bridge a été levé plus d'un demi-million de fois. Les tours sont reliées par une passerelle située à 45 mètres au-dessus de l'eau.

La City, cœur financier de Londres, s'élève sur le site des villes romaine et médiévale d'origine. Les banquiers, acheteurs et *traders* y mènent leurs affaires quotidiennes. Les anciens bâtiments des guildes médiévales se blottissent à l'ombre des tours modernes, telles que celle de la **Lloyd's of London** et de la **Bourse**.

La **Banque d'Angleterre**, sur Threadneedle Street, contien les réserves d'or du pays. Elle est surnommée la *Vieille dame de Threadneedle Street*, d'après un dessin politique satirique du XIXe siècle.

La City a son lordmaire, son gouvernement et sa police. Même le souverain doit s'arrêter à ses frontières jusqu'à ce que le maire l'autorise à entrer. La **salle des banquets de la Cité de Londres**, du XVe siècle, est l'endroit où le lord-maire, les magistrats municipaux et les édiles mènent les affaires de la cité. Des banquets et cérémonies importants s'y tiennent. **Mansion House**, construite en 1735, est la résidence officielle du lord-maire de Londres, dont le mandat dure un an.

Le **Monument**, colonne de pierre de 61 mètres de haut, commémore le Grand incendie de Londres, en 1666, qui se déclara dans une boulangerie de Pudding Lane, à 61 mètres du socle de la colonne. Cet incendie détruisit plus des deux tiers de Londres. Il fut rapporté en grands détails par le chroniqueur Samuel Pepys. Le Monument, dessiné par Sir Christopher Wren, symbolise la capacité de la ville à renaître après un désastre.

Construit dans une zone bombardée, le **Centre Barbican** est devenu un vaste complexe de commerces, de résidences et de loisirs de 24 hectares. Le centre comprend une salle de concert, une galerie d'exposition, un cinéma, des restaurants, des bars, des jardins et un théâtre (résidence londonienne de la *Royal Shakespeare Company*).

Le **Musée de Londres** retrace l'histoire de la ville, de la préhistoire à nos jours. On y trouve la reconstitution d'une salle de villa romaine et un magasin victorien, ainsi que des instruments et des costumes. La pièce exposée la plus connue est sans doute le carrosse doré du lord-maire, qui sert tous les ans en novembre, lors de la procession appelée le spectacle du lord-maire (page 31). Les collections du musée s'agrandissent sans arrêt, au fur et à mesure des excavations archéologiques.

À GAUCHE :
La Banque d'Angleterre

EN BAS À GAUCHE :
Le Monument

À DROITE :
Le grand hall de la salle des banquets de la Cité de Londres

EN BAS AU CENTRE :
Reconstitution d'une salle romaine, Musée de Londres

CI-DESSOUS :
Le Centre Barbican

La cathédrale St-Paul

La cathédrale St-Paul – centre spirituel de la City – naquit de la dévastation laissée après le Grand incendie de Londres, en 1666, qui détruisit les deux tiers de la ville en quatre jours. Ce fut la cinquième cathédrale construite sur ce site. Le bâtiment actuel, achevé en 1710, n'a subi que peu de modifications.

Charles II autorisa la construction de la nouvelle cathédrale en 1673. Il augmenta les impôts sur le charbon importé afin de la financer. Le roi anoblit l'architecte choisi, Sir Christopher Wren, avant le début des travaux, en signe de confiance. Après avoir débarrassé le site des restes de la cathédrale précédente, Sir Christopher réclama une pierre pour marquer l'emplacement de la nouvelle. Un ouvrier en choisit une au hasard dans un tas de gravats. Elle faisait partie d'une pierre tombale et portait le mot *RESURGAM* (je ressusciterai). Des fondations s'éleva le magnifique bâtiment Renaissance, résurrection de l'ancienne cathédrale.

Construite en pierre de Portland, le portique de la **façade ouest**, qui représente la conversion de St-Paul, est flanqué de deux tours. La tour nord contient un carillon de douze cloches et la tour sud abrite une horloge et **Great Paul**, la plus grosse cloche d'Angleterre, qui pèse plus de 16 tonnes.

Le **dôme**, de 111 mètres de haut, est l'un des plus grands dômes d'église du monde ; il soutient une lanterne et une croix d'environ 700 tonnes.

L'**autel** est un monument moderne à ceux qui moururent au cours des deux Guerres mondiales. Les **stalles du chœur** furent sculptées par Grinling Gibbons, dont l'art peut aussi être admiré au château de Windsor et à Hampton Court.

À GAUCHE :
L'intérieur du dôme et la galerie à écho

À DROITE :
La façade ouest et le dôme

La **galerie à écho** (un mot murmuré vers le mur peut être entendu clairement de l'autre côté) est le meilleur endroit d'où admirer la décoration du dôme de Sir James Thornhill, qui représente la vie de St Paul. Quelques marches de plus et l'on accède aux **galeries de pierre et d'or**. Une boule et une croix surmontent le sommet.

St-Paul contient des monuments aux héros tels que l'amiral Nelson et le duc de Wellington, des hommes d'État, des écrivains et des artistes. L'épitaphe la plus simple et la plus humble est celle de l'architecte de St-Paul, Sir Christopher Wren : « Lecteur, si tu cherches un monument, regarde autour de toi. »

St-Paul a été le cadre d'événements de l'histoire du pays, des obsèques de Sir Winston Churchill au mariage du prince et de la princesse de Galles.

CI-DESSUS : *Détail du lutrin en laiton en forme d'aigle et de l'orgue*

À GAUCHE : *Les portes de Tijou*

CI-DESSUS : *La chapelle du mémorial américain*

À DROITE : *Le chœur et le maître-autel*

Trafalgar Square

Conçu en 1840 par Sir Charles Barry, qui dessina le britannique, **Trafalgar Square** est un lieu apprécié des manifestations populaires – et des pigeons.

Les **fontaines** de la place furent modifiées en 1939 par Sir Edwin Lutyens. Tous les Noëls, un sapin est dressé sur le square. L'arbre est un cadeau de la ville d'Oslo, en remerciement de l'hospitalité britannique envers la famille royale norvégienne durant la Seconde Guerre mondiale.

St-Martin-in-the-Fields, chef-d'œuvre classique de James Gibb, datant de 1721, se dresse au coin nord-est de la place. La première église bâtie à cet endroit remontait au XIIe siècle. St Martin est le saint patron des mendiants.

St-Martin-in-the-Fields, au coin de Trafalgar Square

De ses 51 mètres au-dessus de Trafalgar Square, l'amiral Nelson contemple le mémorial élevé à sa victoire navale de 1805.

La **statue de Nelson**, de 5 mètres de haut, sculptée dans du granit, est tournée vers le parlement, situé au bout de Whitehall. Au pied de la célèbre colonne, quatre panneaux, moulés dans le bronze de canons capturés, représentent les batailles de St Vincent et du Nil, le bombardement de Copenhague et la mort de Nelson. Quatre magnifiques lions de bronze montent la garde.

Les colonnes classiques de la **National Gallery** ornent le côté nord de la place. Contenant l'une des collections d'art les plus riches et les plus étendues du monde, la National Gallery fut construite à la place d'étables royales. Derrière la National Gallery se trouve la **National Portrait Gallery**, dont les trésors comprennent un portrait de la reine Élisabeth Ier après la victoire triomphale de la marine anglaise sur l'Armada espagnole.

South Africa House délimite le côté sud de la place et Canada House son côté ouest.

L'**Arche de l'amirauté** fut élevée en 1910, en mémoire de Victoria. Elle mène au **Mall**, le trajet emprunté par les processions de la Couronne et de l'État, dont le nom vient du jeu *paille-maille*, semblable au croquet, jeu populaire au XVIIe siècle.

Le quartier de St-James doit son nom à un hôpital pour les lépreux, consacré à St Jacques au XIIIe siècle. C'est au **palais St-James** que Charles Ier passa la nuit, avant de traverser à pied le **parc St-James** pour se rendre à Whitehall, où il fut exécuté.

Lorsque la monarchie fut restaurée, en 1660, Charles II fit du palais St-James sa résidence principale. C'est un des palais préférés des monarques depuis des siècles. Les ambassadeurs

étrangers y présentent encore leurs lettres de créance. Le palais St-James est actuellement la résidence officielle du Lord Chamberlain.

Clarence House, au sud-ouest du palais St-James, fut ajoutée en 1825. Face à la cour d'écurie du palais St-James se trouve Lancaster House, cadre richement décoré de grands banquets et d'événements officiels de l'État.

CI-DESSUS :
La colonne de les environs de Trafalgar Square

À L'EXTRÊME-GAUCHE :
Le sapin de Noël, cadeau d'Oslo

À GAUCHE :
L'Arche de l'amirauté

EN HAUT À DROITE :
Le palais St-James

À DROITE :
La Vierge à l'Enfant avec Ste Anne et St Jean, de Léonard de Vinci (National Gallery)

À L'EXTRÊME-DROITE :
Détail d'un portrait d'Horatio Nelson, de Sir William Beechey (National Portrait Gallery)

Façade est du palais de Buckingham

Buckingham Palace

Construit en 1703 pour le duc de Buckingham, le palais fut acheté 60 ans plus tard par George III pour 28 000 livres. Son fils extravagant mais élégant, George IV, commanda en 1821 à John Nash, l'architecte de la Cour, de le modifier. Victoria en fit la résidence permanente de la Cour en 1837. En 1846, le palais s'avérant trop petit pour sa famille grandissante, elle fit ajouter l'aile est.

La façade classique actuelle, sévère mais digne, de 118 mètres de long, en pierre de Portland, date d'une reconstruction de 1913. Le balcon du premier étage est le lieu des apparitions officielles de la famille royale, lors des occasions importantes. Au-dessous, dans l'avant-cour, la **relève de la garde** a lieu tous les matins (page 29).

Face au palais se trouve le **mémorial à la reine Victoria**. La statue représente les idéaux de la maternité, la vérité, la justice, la paix et du progrès.

La famille royale occupe l'aile nord du palais et l'étendard royal flotte au-dessus de l'aile est lorsque Sa Majesté la Reine est au palais. Depuis la mort de la princesse Diana, en 1997, le drapeau britannique y flotte en permanence.

L'intérieur du palais est ouvert au public en août et en septembre, une des rares occasions de jeter un coup d'œil aux splendeurs de l'intérieur. Les **salles de réception officielles** servent à recevoir les chefs d'État en visite et aux cérémonies d'investiture, lorsque la reine ou d'autres membres de la famille royale confèrent des titres ou accordent honneurs et récompenses pour services exceptionnels.

La façade ouest domine des pelouses privées de 16 hectares et un lac où, en été, se déroulent les garden-parties, auxquelles la reine convie souvent des personnes ordinaires dont les talents ont été reconnus.

L'ancienne chapelle privée, bombardée en 1940 et reconstruite dans les années 60, abrite la **galerie de la reine**. Quelques trésors du plus bel art, appartenant à la collection royale, seront à nouveau exposés au public en 2002.

Les **écuries royales**, où sont mis les chevaux de la reine, sont ouvertes au public. Construites par John Nash en 1826, elles abritent le carrosse d'État, utilisé pour les couronnements, le carrosse d'État irlandais utilisé pour l'ouverture du Parlement et le carrosse d'État en verre utilisé pour les mariages royaux.

CI-DESSUS :
Carrosses des écuries royales

À DROITE :
La salle de réception blanche

CI DESSOUS :
Le mémorial à la reine Victoria

Relève de la garde au palais de Buckingham

Les cérémonies

Les gardes protègent les souverains depuis 1660. La **relève de la garde**, qui dure environ une demi-heure, est l'une des attractions touristiques les plus populaires. Elle se déroule tous les jours au palais de Buckingham (un jour sur deux, de mi-août à mars), et tous les jours au château de Windsor lorsque la reine y séjourne. La cavalerie de la Garde royale est relevée selon la cérémonie d'usage, tous les jours, à Whitehall.

De nombreuses cérémonies régulières du Royaume-Uni ont pour objet la monarchie. La parade militaire **Trooping the Colour**, qui a lieu début juin, à l'occasion de l'anniversaire officiel de la reine, est une cérémonie compliquée et pittoresque effectuée par les troupes personnelles du souverain, sur Horse Guards Parade. Après avoir passé ses troupes en revue, la reine assiste à un défilé au son des nombreuses fanfares.

Les cérémonies et les pompes d'une **visite d'État** ont deux buts : accueillir des invités étrangers importants et les impressionner par les symboles du pouvoir et du prestige du pays. Lors des réceptions de bienvenue, une succession de carrosses défile le long de la promenade d'État jusqu'à la résidence royale – Buckingham ou Windsor – accompagnée de l'escorte des souverains. Des drapeaux sont hissés le long du trajet. Des salves sont tirées de Hyde Park et de la Tour de Londres lors des visites d'État, et pour les anniversaires et événements royaux. Une salve spéciale de cent un coups de canon est tirée lors des couronnements, au moment où la couronne est posée sur la tête du nouveau souverain.

L'**ouverture du Parlement** est l'occasion de grandes pompes et d'un important symbolisme historique. Les droits du Parlement, établis au cours des siècles, se reflètent dans les cérémonies de la Chambre des lords. Les députés de la Chambre des communes sont convoqués pour écouter le Discours du Trône, qui

À GAUCHE :
Salve royale à Hyde Park

CI DESSOUS :
L'ouverture du Parlement

EN BAS DE LA PAGE :
Trooping the Colour à Horse Guards

À DROITE :
Les Pearly Kings

EN BAS DE LA DROITE :
Le spectacle du lord-maire

ouvre officiellement les nouvelles sessions parlementaires.

Les pairs et pairesses de la Chambre des lords portent tous leur robe parlementaire ; les juges de la Haute cour de justice, portant robe de cérémonie et perruque, s'assoient devant le trône. Black Rod, huissier de la Chambre des lords, tape trois fois son bâton contre la porte de la Chambre des communes, pour convoquer les députés à écouter le discours de la reine à la Chambre des lords.

Tous les ans, un nouveau lord-maire de Londres est élu. La cérémonie spectaculaire qui entoure sa prise de fonctions reflète le prestige, l'importance et l'ancienneté de son office. Le **spectacle du lord-maire** a lieu le deuxième samedi de novembre, lorsqu'il va prêter serment d'allégeance à la Couronne. Vêtu de sa robe écarlate bordée de fourrure, la *Cape de dignité*, et portant la longue chaîne d'or de son office, il assiste d'abord à une cavalcade de chars décorés, depuis sa résidence officielle de Mansion House. Puis il monte dans son carrosse et se rend aux Cours royales de justice, pour y prêter.

Les costumes historiques élaborés ne sont pas l'apanage des seuls citoyens les plus importants de Londres. Tous les ans, le premier dimanche d'octobre, les marchands de fruits, de légumes et de poissons de la ville célèbrent la **fête de la moisson des marchands des quatre saisons**, à St-Martin-in-the-

Fields, sur Trafalgar Square. On peut alors voir les marchands déguisés en *Pearly Kings* et *Queens*, dans leurs costumes traditionnels cousus de centaines de petits boutons de nacre.

Les **Cours royales de justice**, sur le Strand, sont le siège central de la Cour suprême de justice de l'Angleterre et du pays de Galles. Tous les ans, le 1er octobre, un office a lieu à l'abbaye de Westminster pour marquer l'ouverture de l'année juridique. Après l'office, les juges marchent en procession de l'abbaye au parlement pour se rendre au petit déjeuner du Lord Chancelier.

Les quatre **Inns of Court** (institut britannique d'études judiciaires) s'appellent *Inner* et *Middle Temples* (sur Fleet Street), *Lincoln's Inn* et *Gray's Inn*. Le Temple était à l'origine le quartier général des Templiers, ordre de croisés du XIIe siècle. Les juristes y sont depuis le XIVe siècle. L'église de son enceinte paisible comprend une nef ronde, inspirée de celle du Saint-Sépulcre à Jérusalem, et date de 1185.

La cour d'assises centrale (appelée **Old Bailey**) est le tribunal principal pour les crimes commis dans l'agglomération londonienne. Ce bâtiment est surmonté d'un dôme en cuivre, qui soutient une statue de la Justice : elle tient une épée dans une main et dans l'autre une balance pour peser les preuves.

À GAUCHE :
Old Bailey

EN BAS À GAUCHE :
Le Temple, qui abrite les Inner et Middle Temples

CI-DESSOUS :
Les Cours royales de justice

À GAUCHE :
La procession des juges, marquant le début de l'année juridique

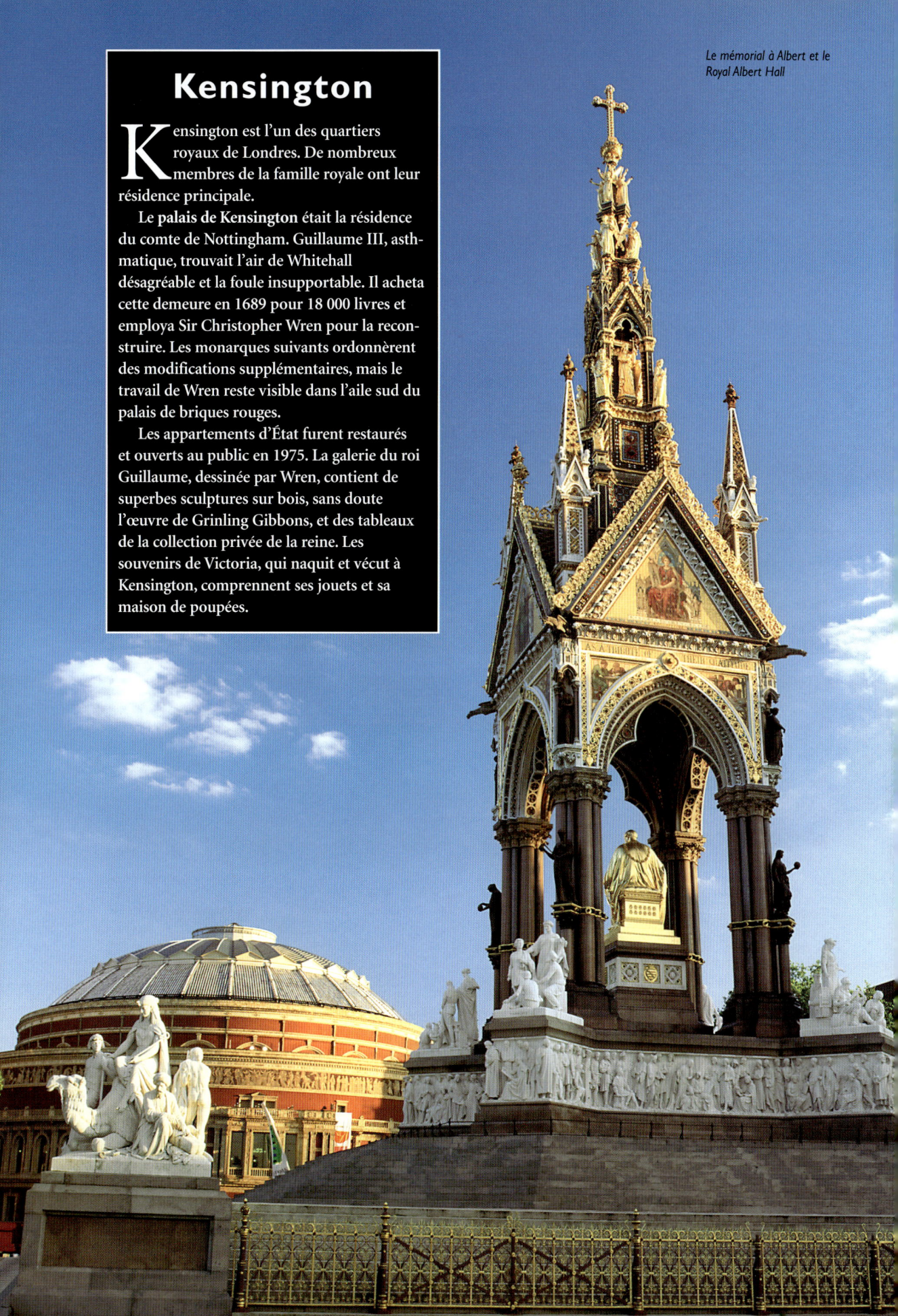

Le mémorial à Albert et le Royal Albert Hall

Kensington

Kensington est l'un des quartiers royaux de Londres. De nombreux membres de la famille royale ont leur résidence principale.

Le **palais de Kensington** était la résidence du comte de Nottingham. Guillaume III, asthmatique, trouvait l'air de Whitehall désagréable et la foule insupportable. Il acheta cette demeure en 1689 pour 18 000 livres et employa Sir Christopher Wren pour la reconstruire. Les monarques suivants ordonnèrent des modifications supplémentaires, mais le travail de Wren reste visible dans l'aile sud du palais de briques rouges.

Les appartements d'État furent restaurés et ouverts au public en 1975. La galerie du roi Guillaume, dessinée par Wren, contient de superbes sculptures sur bois, sans doute l'œuvre de Grinling Gibbons, et des tableaux de la collection privée de la reine. Les souvenirs de Victoria, qui naquit et vécut à Kensington, comprennent ses jouets et sa maison de poupées.

La salle de la coupole, où Victoria fut baptisée, est l'une des salles de réceptions officielles, à la décoration extravagante.

La partie privée du palais est des appartements luxueux où Diana, princesse de Galles, vécut jusqu'à sa mort, en 1997.

Les **jardins de Kensington** sont aujourd'hui ouverts au public ; ils sont séparés de Hyde Park par le lac Serpentine. Ils comprennent l'Orangerie, avec ses nombreuses statues, un jardin en contrebas et la statue de Peter Pan, le héros d'un conte de Sir James Barrie. La statue de Peter Pan fut érigée en 1912, la nuit, pour surprendre les enfants du quartier. Dans l'aire de jeu se trouve le chêne des lutins : une souche ornée de sculptures de fées, de lutins et d'animaux.

Le **mémorial à Albert** se trouve dans les jardins de Kensington. Ce mémorial élaboré, dédié au prince consort de la reine Victoria, fut érigé entre 1863 et 1876. La statue en bronze doré représente le prince sous un dais orné, tenant un catalogue de la Grande exposition sur ses genoux. Il lança l'idée de la Grande exposition en 1851, comme vitrine des techniques et des arts britanniques. Cette exposition servit aussi à collecter des fonds pour construire les musées de Kensington.

Le mémorial à Albert fait face au **Royal Albert Hall**, amphithéâtre ovale surmonté d'un dôme en verre : lieu populaire présentant diverses musiques, du classique aux variétés. Achevé en 1871, il peut accueillir 6 000 personnes. Son fameux orgue possède près de 10 000 tuyaux.

Le **Victoria and Albert Museum** contient une collection nationale de beaux-arts et d'arts appliqués. Au-dessus de l'entrée de Cromwell Road se trouvent

À GAUCHE :
La statue de la reine Victoria, à l'entrée du palais de Kensington

CI-DESSUS :
Le palais et les jardins de Kensington

À DROITE :
Les musées du sud de Kensington

EN BAS À DROITE :
La statue dorée du prince Albert, dans son mémorial

des statues de Victoria et Albert. Le musée contient environ 11 kilomètres de galeries et d'expositions, du *Great Bed of Ware* du XVIe siècle au *Canning Jewel*, représentant un triton forgé en or et en joyaux, ramené des Indes par Lord Canning après la mutinerie de 1857–59. Ce musée est un immense coffret pour les trésors puisés dans toutes les périodes et cultures.

Le **Musée des sciences** privilégie les expositions interactives, que les visiteurs peuvent explorer at manipuler pour découvrir les sciences. Il montre les découvertes scientifiques et l'évolution technologique jusqu'à nos jours.

Le **Musée d'histoire naturelle** couvre la botanique, l'entomologie, la minéralogie, la paléontologie et la zoologie, avec des expositions allant des gigantesques dinosaures à de minuscules insectes.

35

Westminster

Concentrés sur les 800 mètres de la place de Westminster se trouvent les centres du pouvoir de la vie britannique : le pouvoir civil est représenté par le Parlement et le Gouvernement, qui siègent dans les Chambres du parlement et à Whitehall ; le pouvoir spirituel est basé à l'abbaye et à la cathédrale historiques de Westminster (voir pages 41–44).

Parliament Square est bordé par la Chambre des communes, l'abbaye de Westminster et Whitehall ; il fut conçu par Sir Charles Barry, l'architecte du parlement. La statue de Sir Winston Churchill y figure parmi celles d'hommes d'État célèbres et d'anciens premiers ministres.

Le **parlement**, situé sur la rive de la Tamise, fut construit en 1840, après qu'un incendie a ravagé le bâtiment précédent ; il est sculpté de façon recherchée, dans le style gothique. Il couvre un peu plus de 3 hectares et comprend 100 escaliers, 11 cours, plus de 1 000 appartements et 3 kilomètres de passages. Son nom officiel est le Nouveau palais de Westminster, car un palais royal a été construit sur ce site au XIe siècle. C'est là que les lois régissant la vie britannique sont élaborées, débattues et adoptées.

Le parlement et Big Ben

Westminster Hall, grand bâtiment du palais royal, est la seule partie médiévale restante, hormis la crypte de St Stephen et la tour Jewel. Charles Ier fut jugé à Westminster Hall, après avoir perdu la Guerre civile, et fut condamné à mort. Son adversaire, Oliver Cromwell, qui établit la suprématie du Parlement sur la monarchie et fit de l'Angleterre une république pendant onze ans, y est commémoré par une statue en face du bâtiment.

La **Chambre haute** (qui abrite traditionnellement la Chambre des lords) est une salle richement sculptée et comporte une estrade destinée au trône du monarque. La **Chambre des communes** fut totalement détruite dans un raid aérien, en 1941, et fut reconstruite dans un style plus simple. Les rangées parallèles de bancs recouverts de cuir vert, tournées vers le centre de la Chambre, ne peuvent accueillir en même temps que les deux tiers des six cent cinquante députés. La masse (symbole d'autorité) est placée sur une table, au centre de la salle, au début des débats quotidiens.

L'un des repères les plus célèbres du monde est le beffroi de 97,5 mètres, connu sous le nom de **Big Ben**, qui est en réalité le nom de la cloche de 13,5 tonnes qui sonne les heures. Les quatre cadrans de l'horloge ont chacun un diamètre de 7 mètres et des aiguilles de plus de 4 mètres. La nuit, une lumière allumée dans la tour indique que la Chambre des communes siège.

Pendant la journée, lors des sessions parlementaires, le drapeau britannique flotte du haut de la **Tour Victoria**, tour immense située au coin opposé au parlement. C'est en passant sous son arche que le monarque se rend à l'ouverture annuelle du Parlement, début novembre.

EN HAUT À
GAUCHE :
*La statue de
Sir Winston
Churchill sur
Parliament
Square*

CI-DESSUS :
*La Chambre
haute, qui abrite
traditionnelle-
ment la
Chambre des
lords*

À GAUCHE :
*Westminster
Hall, avec la
statue de
Richard Cœur
de Lion*

À DROITE :
*Bassin sur la
rive de la
Tamise, face
à Big Ben*

Whitehall porte le nom d'un palais royal qui existait sur ce site. Il brûla en 1698 lorsqu'une des blanchisseuses hollandaises du roi Guillaume pendit des vêtements trop près d'un feu de charbon. La seule partie restante est la Maison des banquets, chef-d'œuvre classique d'Inigo Jones, du XVIIe siècle. Son plafond fut peint par Rubens.

Horse Guards, dont l'entrée est gardée par deux policiers montés de la Garde royale, fut construit sur le site d'un poste de garde de l'ancien palais de Whitehall. Ces policiers sont à leur poste tous les jours, de dix à seize heures. À onze heures (dix heures le dimanche) a lieu la relève de la garde.

Les bâtiments du Gouvernement bordent les deux côtés de Whitehall. Le **Cénotaphe** monumentes aux morts du XXe siècle, forme un refuge au centre de la route. Le 11 novembre, deux minutes de silence sont observées durant un office auquel assistent la reine et la famille royale, les hommes d'État et les représentants des forces armées et du Commonwealth.

La résidence officielle, la salle du Conseil des ministres et le bureau du Premier ministre se trouvent au **10, Downing Street**, tandis que le numéro 11, à côté, est la résidence du Chancelier de l'Échiquier. Downing Street doit son nom à George Downing, diplomate, espion et promoteur. Il mit en valeur le site qui devint la résidence des Premiers ministres depuis 1735. Dans les années 1960, des restes de poteries romaines, d'un bâtiment saxon et du palais Tudor de Whitehall furent mis à jour derrière l'élégante façade georgienne du numéro 10, au cours de réparations.

Les **salles souterraines du Conseil de guerre**, sur King Charles Street, montrent aujourd'hui aux visiteurs où le Conseil, présidé par Churchill, se réunissait dans les années 40, lorsque Londres était attaqué durant la Seconde Guerre mondiale.

La **cathédrale de Westminster** est la première église catholique romaine d'Angleterre. Dessinée par John Francis Bentley et construite vers la fin du XIXe siècle dans le style byzantin, ses briques rouges (au nombre de douze millions) et la pierre blanche de Portland donnent à sa façade une apparence rayée frappante, soulignée par le campanile (tour St-Edward) qui se dresse comme un phare. La croix de 3,3 mètres de haut qui surmonte le campanile contient un morceau de la vraie Croix.

La nef de la cathédrale, la plus large d'Angleterre, mesure 18 mètres de large et donne un sentiment de magnificence écrasante. Les murs nus et les voûtes étaient, à l'origine, couverts de mosaïques et de marbre ; l'effet voulu peut être vu dans les chapelles de la cathédrale, notamment Lady Chapel, richement décorée. Les reliefs d'Eric Gill, qui représentent les Stations de la croix, sont considérés par beaucoup comme faisant partie des trésors de la cathédrale.

CI-DESSUS :
Le régiment de la Garde à cheval

À GAUCHE :
Le Cénotaphe

CI-DESSOUS :
La cathédrale de Westminster

La façade ouest de l'abbaye de Westminster

L'abbaye de Westminster

Depuis 900 ans, presque tous les rois et reines d'Angleterre sont couronnés à l'abbaye de Westminster. De nombreux monarques anglais y sont enterrés.

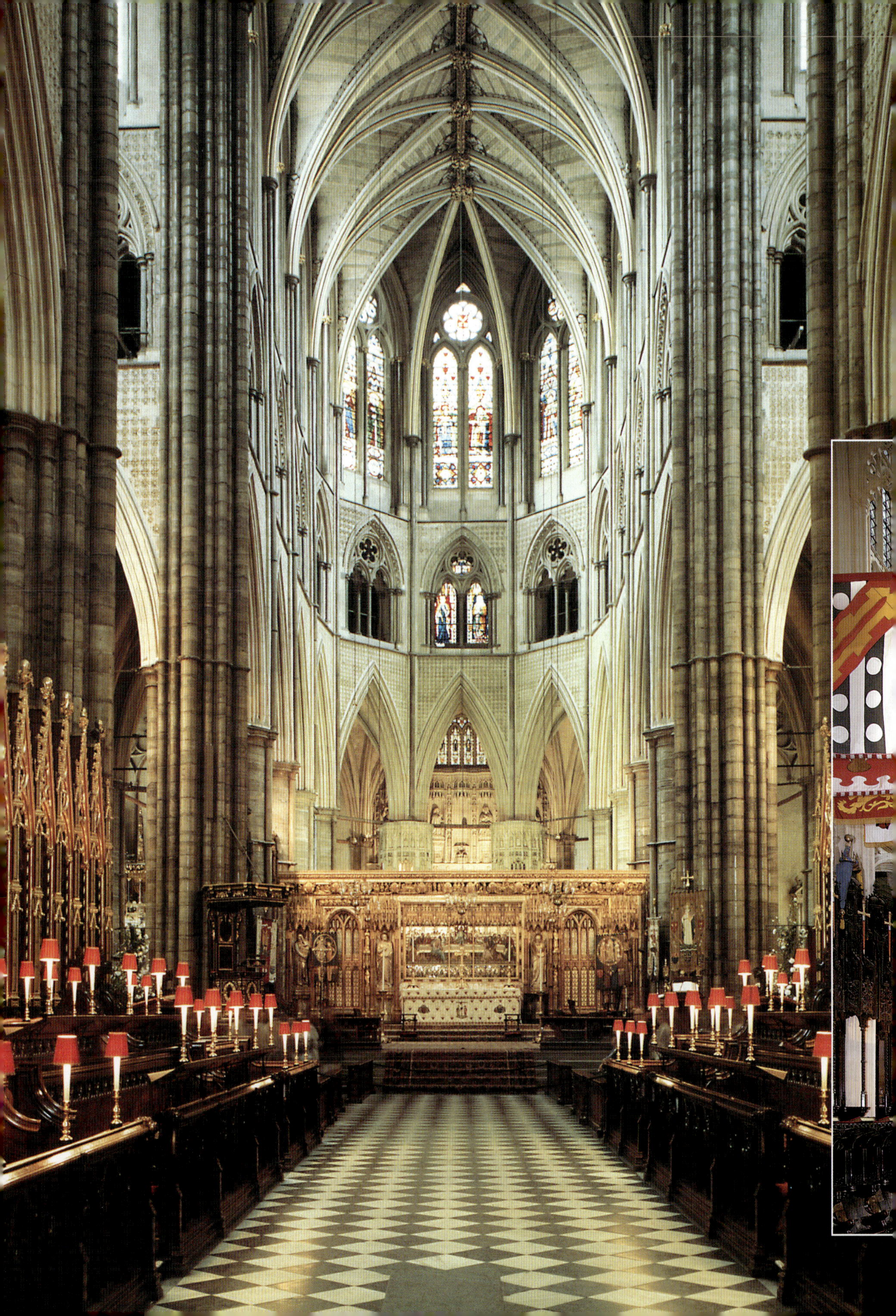

GAUCHE :
le chœur

CI-DESSUS :
Lady Chapel
(chapelle
d'Henri VII)

DROITE :
le trône du
couronnement

L'abbaye de Westminster fut fondée de nouveau au XIe siècle par un roi – Édouard le Confesseur ; son lien étroit avec la royauté et son statut royal particulier ont été maintenus au cours des siècles. Ce site servait déjà de lieu de culte quelques siècles auparavant. Son nom indique sa position à l'ouest de Londres : ouest moutier (monastère).

Le magnifique bâtiment gothique d'aujourd'hui date des XIIIe et XIVe siècles. Cependant, la chapelle du Pyx et l'*Undercroft* (aujourd'hui musée) sont du XIe siècle. Sur l'extérieur de la porte ouest se trouvent des statues de martyrs du XXe siècle. Des monuments aux personnages de haut rang et à des héros bordent les murs intérieurs de l'abbaye.

La hauteur de la **nef** est trois fois supérieure à sa largeur. Ses voûtes, de 31 mètres de haut, sont les plus hautes voûtes gothiques d'Angleterre. Les seize chandeliers de cristal de Waterford suspendus dans l'abbaye sont un cadeau de 1965 pour marquer le neuf centième anniversaire de sa consécration. Près de la porte ouest se trouve une simple plaque de marbre noir ; c'est la tombe du soldat inconnu, qui rend hommage aux milliers de soldats morts durant la Première Guerre mondiale et qui furent enterrés sans avoir été identifiés. À côté, une simple plaque de marbre vert est gravée de ces mots : « Souviens-toi de Winston Churchill ».

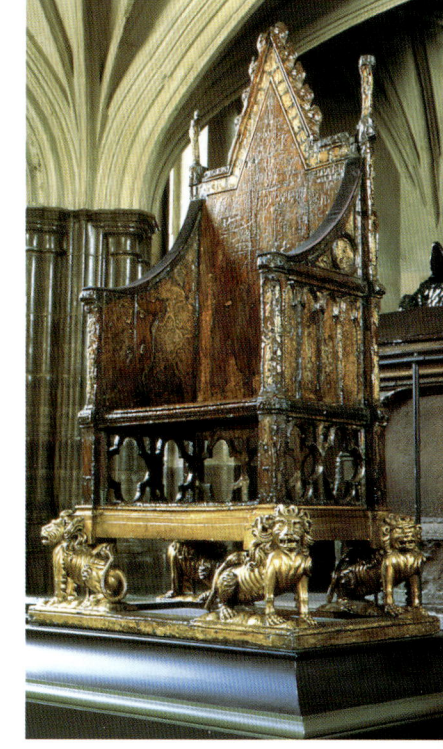

Le **sanctuaire**, sous la croisée, est le lieu des couronnements. Derrière le maître-autel, la **chapelle de St Édouard le Confesseur**, la partie la plus sacrée de l'abbaye, est le lieu où sont enterrés des rois, tels qu'Édouard le Confesseur. Après la chapelle se trouve le trône du couronnement. Jusqu'en 1996, la Pierre de Scone s'y trouvait en dessous. Ce bloc de grès servait de siège du couronnement des rois écossais et fut emporté par les Anglais en 1297. Il est aujourd'hui au château d'Édimbourg, mais sera prêté à l'abbaye pour les futurs couronnements.

Lady Chapel (chapelle d'Henri VII) est remarquable par les éventails délicats et compliqués de ses voûtes

43

Donnant sur l'allée est du cloître se trouve le **chapitre**, salle octogonale du XIIIe siècle. Appelé « le berceau de tous les Parlements libres », il servit de lieu de réunion au Parlement, du XIVe au XVIe siècle.

Dans la **salle du Pyx**, qui appartient à l'église d'Édouard le Confesseur, était conservé le *pyx*, sorte de coffre contenant les plaques d'épreuve en or et en argent, qui servaient de référence de qualité pour les pièces du royaume.

Le **musée de l'abbaye** contient des effigies funéraires de monarques, en bois ou en cire, et des trésors tels que le bouclier et le casque qu'Henri V portait lors de sa victoire à Azincourt.

Les alentours de l'abbaye, dont **Dean's Yard** dans les jardins de l'abbaye, forment un sanctuaire paisible et hors du temps.

A GAUCHE :
Le petit cloître

CI-DESSOUS :
Dean's Yard

e British Museum

Bloomsbury et Baker Street

À Bloomsbury, le British Museum abrite la plus grande collection d'objets, de la préhistoire à nos jours. Fondé en 1753, il commença par collectionner des manuscrits, documents, livres et antiquités, et comprenait les collections royales. Les fonds nécessaires pour financer le bâtiment d'origine (300 000 livres) furent recueillis au moyen d'une loterie publique, en 1755. Le musée ouvrit en 1759. Le bâtiment actuel, dessiné par Sir Robert Smirke, est composé de 44 colonnes classiques placées sur sa longue façade athénienne de 112 mètres. Sa construction, au XIXe siècle, dura trente ans.

Le British Museum couvre une surface de plus de 4,5 hectares et présente des objets de Grèce, d'Asie occidentale, de Rome et d'Orient. Il possède la plus grande collection d'objets égyptiens en dehors de l'Égypte. Ses trésors comprennent des sculptures du Parthénon (les marbres d'Elgin), la pierre de Rosette, qui permit de déchiffrer les hiéroglyphes, après plus de mille quatre cents ans d'oubli, des momies égyptiennes et le trésor de Sutton Hoo, trouvé dans un bateau anglo-saxon exhumé dans le Suffolk.

Au centre du musée se trouve une immense salle circulaire, qui était la salle de lecture de la British Library, recouverte d'un dôme de 32,2 mètres de haut et de 42,7 mètres de diamètre. Des personnages célèbres y étudièrent, tels que Marx et Lénine. La **British Library** a été transférée à Euston Road, entre les gares de St Pancras et d'Euston. Ses trésors comprennent la Magna Carta

EXTRÊME-GAUCHE :
Une momie égyptienne et le Cheval de Selen (du fronton est Parthénon), au British Museum

À GAUCHE :
Reproduction en cire de Marilyn Monroe au mus Madame Tussaud's

CI-DESSUS :
Place devant la British Library, avec la statue de Newton par Eduardo Paoloz

À DROITE :
Le planétarium Londres

EN HAUT À DROITE
Un léopard du zoo de Londres

comprend un voyage simulé dans l'espace.

Baker Street est l'adresse mythique du détective imaginé par Sir Arthur Conan Doyle : **Sherlock Holmes**. C'est un personnage fictif, mais des lettres sont toujours envoyées au 221 bis par des personnes qui lui demandent de l'aide pour résoudre des mystères ! Un musée a reconstitué la maison du détective ; il se trouve au 239, Baker Street.

Dans le coin nord-est de Regent's Park se trouvent les jardins zoologiques – le **zoo de Londres**. C'est la collection d'animaux la plus belle et la plus complète du monde, avec des raretés telles que le singe-lion et le grand-duc Nduk. La Société zoologique elle-même est un centre mondial d'étude et de recherche scientifiques.

La **collection d'art Wallace** est exposée à Hertford House, demeure du XVIIIe siècle qui appartenait aux marquis de Hertford. La collection résulte d'acquisitions des générations successives de cette famille. Elle est remarquable par ses tableaux, meubles, sculptures et porcelaines français des XVIIe et XVIIIe siècles, et par ses armes et armures d'Europe et d'Orient. Les œuvres d'artistes anglais, hollandais, espagnols et italiens figurent parmi ses trésors.

Le **musée juif**, sur Albert Street, à Camden Town, contient des objets rituels et des antiquités de la vie et du culte juifs.

(limita le pouvoir des rois anglais en 1215), le premier folio de William Shakespeare (publié en 1623), l'original des Lindisfarne Gospels (v. l'an 698 de notre ère) et la version d'*Alice au pays des merveilles* illustrée par Lewis Carroll lui-même.

Madame Tussaud's abrite une collection tout aussi célèbre ; il contient les figures de cire de personnages connus, pour leurs bienfaits ou leurs crimes. Marie Tussaud commença par faire des masques mortuaires des victimes guillotinées de la Révolution française. Elle ouvrit son premier musée à Londres, en 1835 ; la collection fut transférée dans son bâtiment actuel en 1884. On y trouve des figures de cire d'hommes d'État du monde entier, de la famille royale britannique, de sportifs, de stars de la télévision et du cinéma.

À côté, au **planétarium de Londres**, ouvert en 1958, on peut voir des images du ciel la nuit et des planètes, projetées au plafond. Ce spectacle stellaire étonnant

47

Les parcs de Londres

Les parcs de la capitale furent surnommés « les poumons de Londres » par William Pitt, Premier ministre du XVIIIe siècle. Aujourd'hui, les pelouses fraîches et paisibles forment un refuge contre le vrombissement de la ville. Ils servent aussi de sanctuaire à divers oiseaux et autres animaux sauvages. Les parcs royaux servaient à la détente des princes et des monarques. Ils appartiennent toujours à la Couronne, mais ils sont désormais ouverts à tous. Avant 1530, le **parc St-James** était un marais entourant la léproserie de St-James. Le roi Henri VIII l'acquit pour en faire des jardins et un parc avec des biches. Trois palais royaux le bordaient autrefois : Whitehall (brûlé en 1698), Westminster et St-James.

GAUCHE :
Hyde Park et le
lac Serpentine

DROITE :
Apsley House

EN BAS À DROITE :
Green Park

CI-DESSOUS :
Le parc St-
James et le
palais de
Buckingham

Sous le règne de Jacques Ier, le parc contenait une ménagerie. Il est noté dans les archives qu'un des éléphants buvait 4,5 litres de vin par jour. Une volière fut ajoutée sous le règne de Charles II, qui se retrouve dans le nom *Birdcage Walk* (allée de la cage aux oiseaux). Le parc St-James fut transformé en 1826, lorsque l'architecte John Nash créa le lac où vivent aujourd'hui diverses sortes d'oiseaux aquatiques.

Green Park est l'un des parcs les plus sobres de Londres. Il jouxte le parc St-James ; il est bordé par Piccadilly d'un côté et Constitution Hill au sud.

Le duc de Wellington, le « duc de fer », héros de la bataille de Waterloo, vivait à **Apsley House**. Cette maison fait face à Hyde Park Corner et les lettres adressées au « n°1, Londres » y parviennent. Construite en 1771–78, elle est devenue le musée Wellington.

Hyde Park est une étendue de 145 hectares, qui faisait partie du manoir d'Eia, appartenant à l'abbaye de Westminster. Henri VIII en fit un domaine de chasse de plus. Un siècle plus tard, Charles Ier l'ouvrit au public.

Hyde Park est depuis le lieu de grands spectacles nationaux, des pendaisons collectives au gibet de Tyburn, au bout de Marble Arch, aux parades navales de l'ère georgienne. Les duels se déroulaient généralement à Hyde Park. Parmi les superproductions modernes, on compte des opéras et des concerts de pop. La démocratie se donne en spectacle gratuit au *Speakers' Corner* (coin des orateurs), près de Marble Arch : ceux qui le veulent peuvent monter sur une caisse à savon et exprimer leur avis, même scandaleux.

49

Hyde Park et les jardins de Kensington forment le plus grand espace vert du centre de Londres, offrant une promenade de 6 kilomètres. Ils sont séparés par le **lac Serpentine**, créé en construisant un barrage sur la rivière West Bourne. Il accueille des canards et autres oiseaux aquatiques, ainsi que quelques téméraires qui se baignent le matin, tout au long de l'année, même s'il faut pour cela briser la glace à la surface.

Regent's Park était un autre terrain de chasse acquis par Henri VIII au nord de Londres. Il fut aménagé par John Nash pour le prince régent, qui devint George IV. Autour du parc se trouvent d'élégantes enfilades de maisons. Dans le cercle intérieur du parc, un théâtre en plein air présente surtout des pièces de Shakespeare, en été.

Sur la rive sud de la Tamise, le **parc de Battersea** fut aménagé sur les champs du même nom, où le duc de Wellington se battit en duel contre le comte de Winchelsea, en 1829. Il contient un jardin subtropical, des sculptures d'Henry Moore et une pagode inattendue.

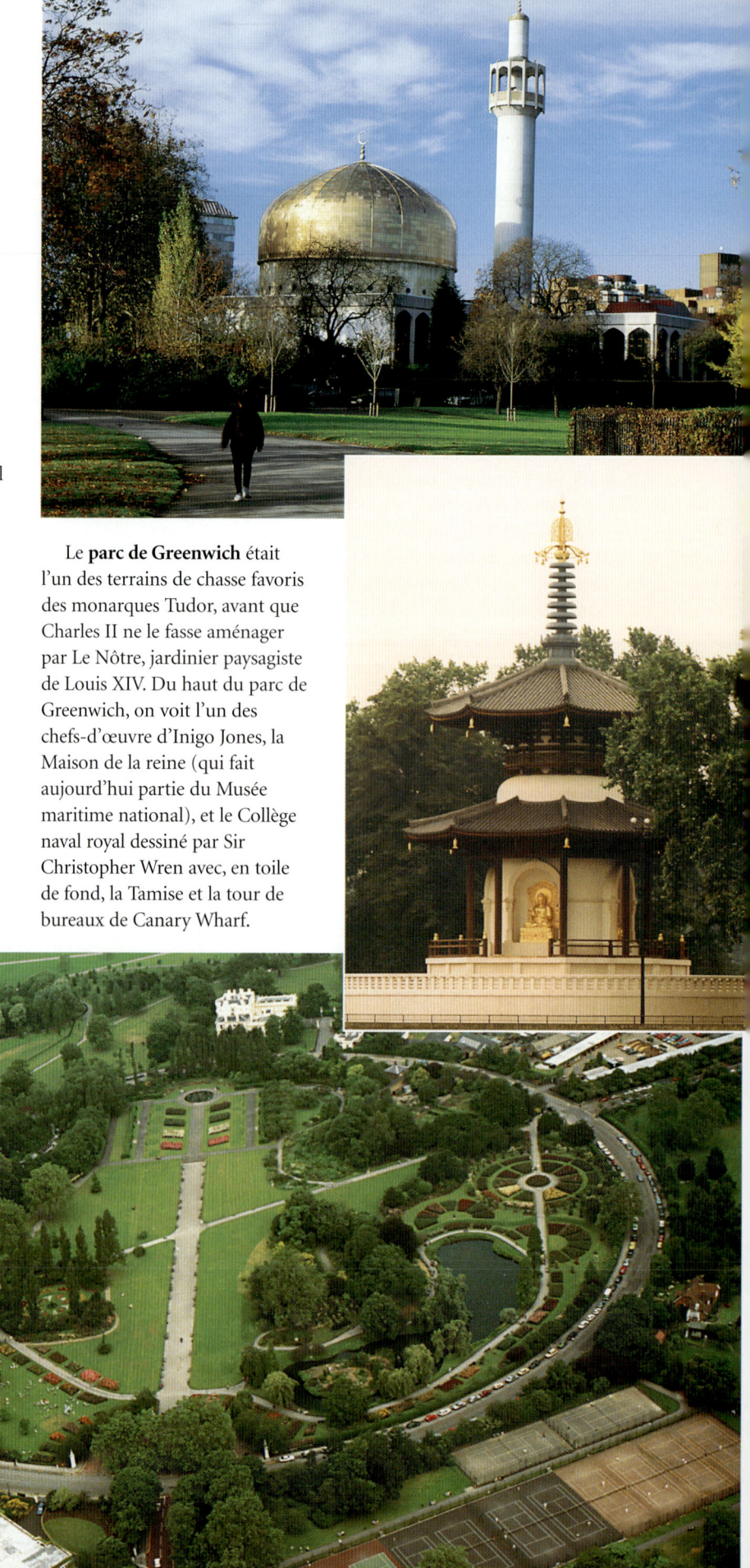

Le **parc de Greenwich** était l'un des terrains de chasse favoris des monarques Tudor, avant que Charles II ne le fasse aménager par Le Nôtre, jardinier paysagiste de Louis XIV. Du haut du parc de Greenwich, on voit l'un des chefs-d'œuvre d'Inigo Jones, la Maison de la reine (qui fait aujourd'hui partie du Musée maritime national), et le Collège naval royal dessiné par Sir Christopher Wren avec, en toile de fond, la Tamise et la tour de bureaux de Canary Wharf.

Distractions et achats

EN HAUT À GAUCHE :
La mosquée de l'ouest de Regent's Park

AU CENTRE À GAUCHE :
La pagode, parc de Battersea

EN BAS À GAUCHE :
Regent's Park

CI-DESSUS :
Gerrard Street, quartier chinois

À DROITE :
La place de Covent Garden

Il y a deux cents ans, le Dr Samuel Johnson écrivait : « Lorsqu'un homme est fatigué de Londres, c'est qu'il est fatigué de la vie, car Londres contient tout ce qu'on peut attendre de la vie. » Le *West End* de Londres propose théâtres, cinémas, deux opéras, salles de concert, casinos, cabarets, discothèques, bars et complexes sportifs, des centaines de restaurants, et 1 500 pubs.

Le quartier chinois, entre Leicester Square et Shaftesbury Avenue, est rempli des restaurants et des épiceries de la communauté chinoise de Londres.

Les origines de **Covent Garden** remontent au jardin du couvent de Westminster. Au XVIIe siècle, il fut transformé en quartier résidentiel huppé par Inigo Jones. En 1833 London y fut construit son célèbre marché aux fruits et aux légumes qui sert de cadre à la pièce *Pygmalion* de G. B. Shaw (devenue *My Fair Lady* à l'écran).

Puis, en 1974, le marché fut transféré et Covent Garden se transforma. C'est aujourd'hui un quartier piétonnier rempli de boutiques, étalages d'artisans, cafés, bars et musiciens ambulants. Les spectacles des rues se déroulent sur la place qui sépare le marché rénové de l'église St-Paul, appelée l'église des acteurs.

51

L'éventail des distractions gratuites est étendu – des pièces de Shakespeare jouées par un seul homme, des danses robotiques et de la musique disco aux mimes comiques et à la musique classique.

L'**Opéra royal** est la salle principale où se jouent les opéras et les ballets à Londres. L'ancien marché aux fleurs du sud-est de la place contient aujourd'hui deux musées : le **musée des transports de Londres**, où les prédécesseurs du célèbre autobus rouge de Londres sont exposés, et le **musée du théâtre**, attraction importante pour les étudiants des arts du spectacle.

Piccadilly Circus est un lieu de rendez-vous des véhicules et des touristes. Au centre se trouve une fontaine de bronze surmontée d'une statue d'archer ailé, surnommé Éros, le dieu grec de l'amour, mais en réalité créée comme mémorial à Lord Shaftesbury, philanthrope du XIXe siècle, et censée représenter la charité chrétienne.

Près de là, le **centre du Trocadero** contient des boutiques, des restaurants et des distractions ultramodernes, avec un grand complexe de cinémas et **Segaworld**, immense parc d'attractions intérieur futuriste, avec des manèges et des jeux vidéo. À proximité se trouve **Rock Circus**, exposition passionnante sur la pop music et les groupes de rock.

L'**Académie royale des arts**, à Piccadilly, présente les œuvres d'artistes britanniques vivants, lors de son exposition estivale.

Leicester Square est animé de jour comme de nuit : de grands cinémas bordent la place, qui grouille de cinéphiles, mais aussi de touristes et de Londoniens se promenant dans le *West End*. Au milieu, le jardin public contient les statues de William Shakespeare et de Charlie Chaplin. Cette place fut aménagée au XVIIe siècle et baptisée du nom du comte de Leicester, qui vivait à proximité. Les peintres Hogarth et Reynolds en étaient aussi des résidents célèbres.

À GAUCHE :
Un orchestre de rock sur les marches de l'église St-Paul

À GAUCHE ET CI-DESSUS :
Spectacles de rue sur la place de Covent Garden

À DROITE :
Piccadilly Circus

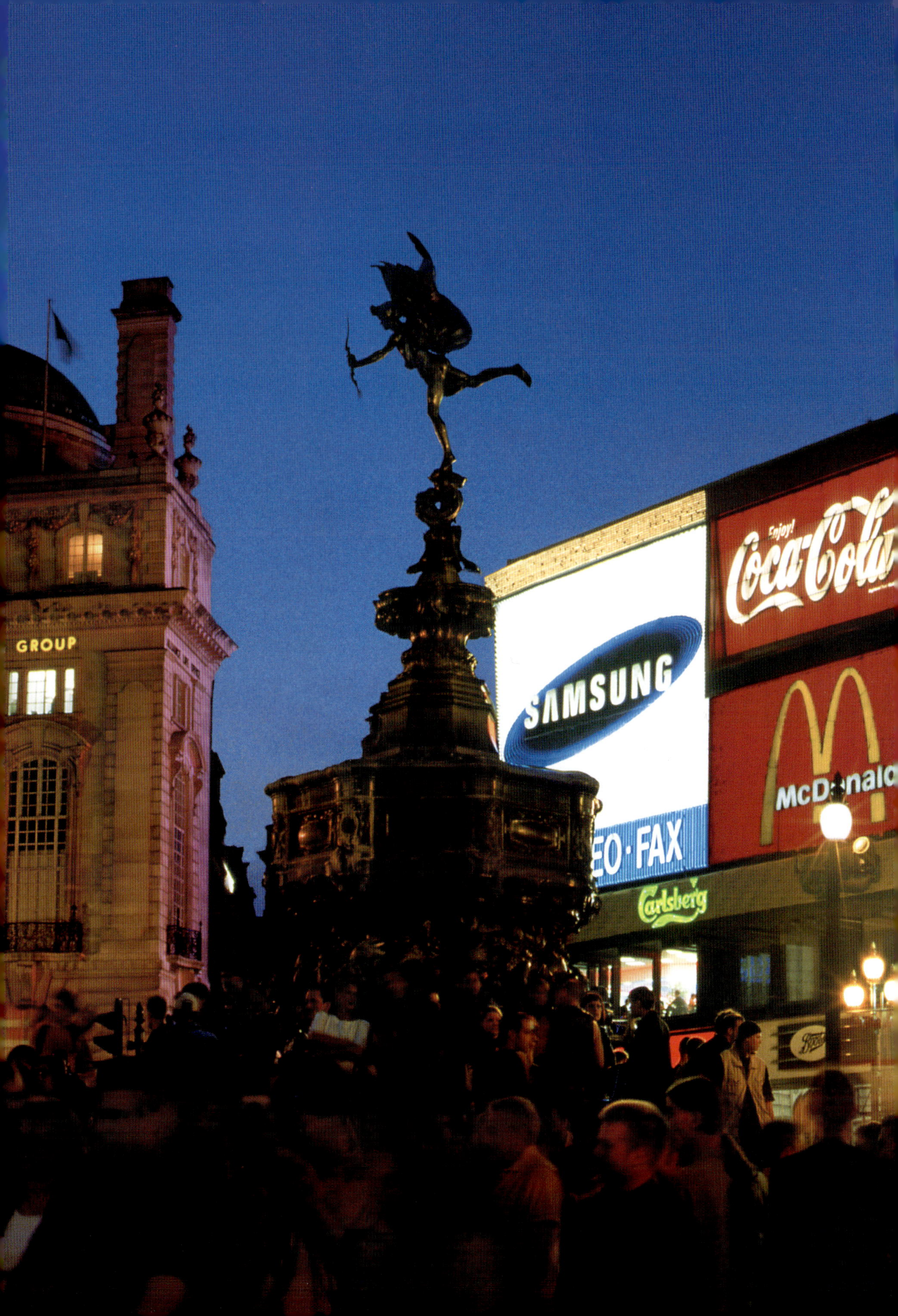
GROUP
SAMSUNG
Enjoy!
Carlsberg

grands magasins tels que Selfridges, John Lewis et Marks and Spencer. Cette rue reprend le tracé d'une route que les Romains appelaient Via Trinovantino, qui croisait une autre route romaine importante à Marble Arch.

À GAUCHE :
Le musée des transports de Londres

À DROITE :
Le marché de Portobello Road, à Notting Hill

Sur la rive nord de la Tamise, à Millbank, se trouve la **Tate Britain**, qui présente la collection nationale de tableaux britanniques, avec une aile entière consacrée aux œuvres du peintre J. M. W. Turner. Ce bâtiment à façade classique fut commandé par le magnat du sucre Sir Henry Tate et ouvrit en 1897. La collection d'origine comprenait des œuvres modernes, aujourd'hui exposées à la Tate Modern, sur Bankside (page 3).

Londres est le paradis du lèche-vitrine. Son magasin le plus célèbre est **Harrods**, à Knightsbridge ; bâtiment de terre cuite à l'intérieur Art nouveau et Art déco. Avec environ 3 500 employés, il se vante de pouvoir fournir n'importe quoi à n'importe qui dans le monde : il a livré un éléphant à Ronald Reagan, des groseilles en Arabie Saoudite et une moufette à l'ex-femme d'un Américain.

Oxford Street est bordée de

CI-DESSUS :
Figure de cire de Jay Kay Jamiroquai, Rock Circus, Piccadilly

À GAUCHE :
Londres vu du parc de Greenwich, par J. M. W. Turner, Tate Britain

À DROITE :
Statue de Charlie Chaplin, à Leicester Square

EN HAUT À DROITE :
Harrods, à Knightsbridge

À L'EXTRÊME-DROITE :
Burlington Arcade

54

À Piccadilly se trouve une petite galerie marchande très chic : **Burlington Arcade** est l'ancêtre des galeries marchandes modernes. Cette galerie privée, construite en 1819, contient soixante-douze magasins. Elle conserve son caractère Régence : des gardes font respecter le règlement, qui comprend une interdiction de siffler et d'ouvrir son parapluie ! Une plaque sur le mur annonce qu'elle fut inaugurée conjointement par la duchesse du Devonshire et par un éboueur de Londres.

Les **marchés de rue** constituent un terrain de chasse animé pour les chineurs. Petticoat Lane, dans l'*East End*, est ouvert le dimanche et, selon une chanson, on y trouve de tout : « une pelote de ficelle, un chinchilla d'occasion ou une bague en diamant ». Camden Passage, à Islington, Portobello Road, et les marchés de Greenwich vendent des antiquités. Camden Lock, près d'un canal du nord de Londres, est un marché qui, le week-end, vend de l'artisanat, des vêtements et des aliments de presque tous les pays du monde.

CI-DESSOUS :
Berge de Richmond

À L'EXTRÊME-DROITE :
La pagode chinoise, jardins de Kew

EN BAS À DROITE :
La palmeraie, jardins de Kew

Environs de Londres

Il existe de nombreux endroits fascinants aux abords de Londres.

En amont de Westminster se trouvent Richmond et Kew. Les **jardins botaniques royaux** de Kew possèdent une des collections de plantes et de fleurs les plus célèbres du monde. Trente mille variétés de plantes et d'arbres, y compris des espèces tropicales et aquatiques, poussent sur leurs 121 hectares. Par exemple, la serre de la princesse de Galles contient des nénuphars de 2 mètres de diamètre. De plus, 7 millions de spécimens séchés sont préservés à l'herbarium.

Kew est né d'une idée de la princesse Augusta, mère du roi George III, qui créa le jardin en 1759 pour se distraire. Le projet étant littéralement florissant, elle commanda vite des temples et une pagode de dix étages, pour ajouter des repères intéressants parmi la verdure. Les jardins de Kew furent ouverts au public en 1841. Kew est toujours populaire, mais il doit son rôle actuel important aux sciences.

La **barrière de la Tamise**, à Woolwich, est un miracle d'ingénierie moderne. Elle protège les 117 mètres carrés du cœur de Londres contre les inondations. Il y a un peu plus de 60 ans, 14 personnes moururent lorsque le centre de Londres fut inondé. Le niveau des marées hautes de Londres continue à monter et la barrière de la Tamise fait partie de ses défenses. Conçue sur une échelle inégalée dans le monde, elle se compose de 10 portes en acier pivotantes séparées, réparties entre les deux rives. Quatre portes principales, chacune plus lourde qu'un destroyer, sont aussi hautes qu'un immeuble de 5 étages. Les bateaux peuvent passer entre les portes, mais en cas de tempête ou d'inondation, la barrière se met en place en 30 minutes pour empêcher l'eau de provoquer une crue de la Tamise. Elle fut utilisée pour la première fois, par prévention, en février 1983.

Le palais de Hampton Court

Hampton Court devint la demeure la plus prestigieuse d'Angleterre, au XVIe siècle, lorsque le cardinal Wolsey, l'une des figures politiques les plus influentes de son temps, ordonna sa construction, quel qu'en soit le prix. Ses 1 000 pièces étaient somptueuses et disposaient du confort sanitaire le plus récent. Wolsey tenait autant aux égouts qu'à la décoration ; 250 tonnes de plomb servirent à bâtir la tuyauterie qui alimenterait Hampton Court en eau courante. Henri VIII profita du style de vie somptueux de Hampton Court. Par la suite, Wolsey finit par donner Hampton Court au roi Henri VIII, pour tenter de l'apaiser, mais en vain : le cardinal perdit sa position et son pouvoir.

Henri consacra aussi des sommes énormes à cette demeure. Hampton Court devint un terrain de jeu pour le roi et ses nombreuses reines. Il fit reconstruire le **grand hall**, terminer la chapelle et créer de nouveaux appartements royaux, des courts de tennis couverts et en plein air, trois allées de bowling et un carrousel pour jouter. L'**horloge astronomique** de Clock Court indique non seulement l'heure, mais aussi le jour, le mois et les phases de la lune. Elle montre aussi le soleil tournant autour de la Terre, car elle fut construite avant que les astronomes ne comprennent les mystères de notre système solaire.

Hampton Court devint le palais royal préféré d'une succession de monarques. L'architecte Christopher Wren le modernisa et le transforma au XVIIe siècle pour le roi Guillaume III, qui commanda aussi son célèbre labyrinthe dans les jardins. Les **salles de réceptions** officielles furent ouvertes au public en 1838, peu après l'accession au trône de la reine Victoria.

À DROITE :
Hampton Court

À GAUCHE :
Porte d'Anne Boleyn, Hampton Court

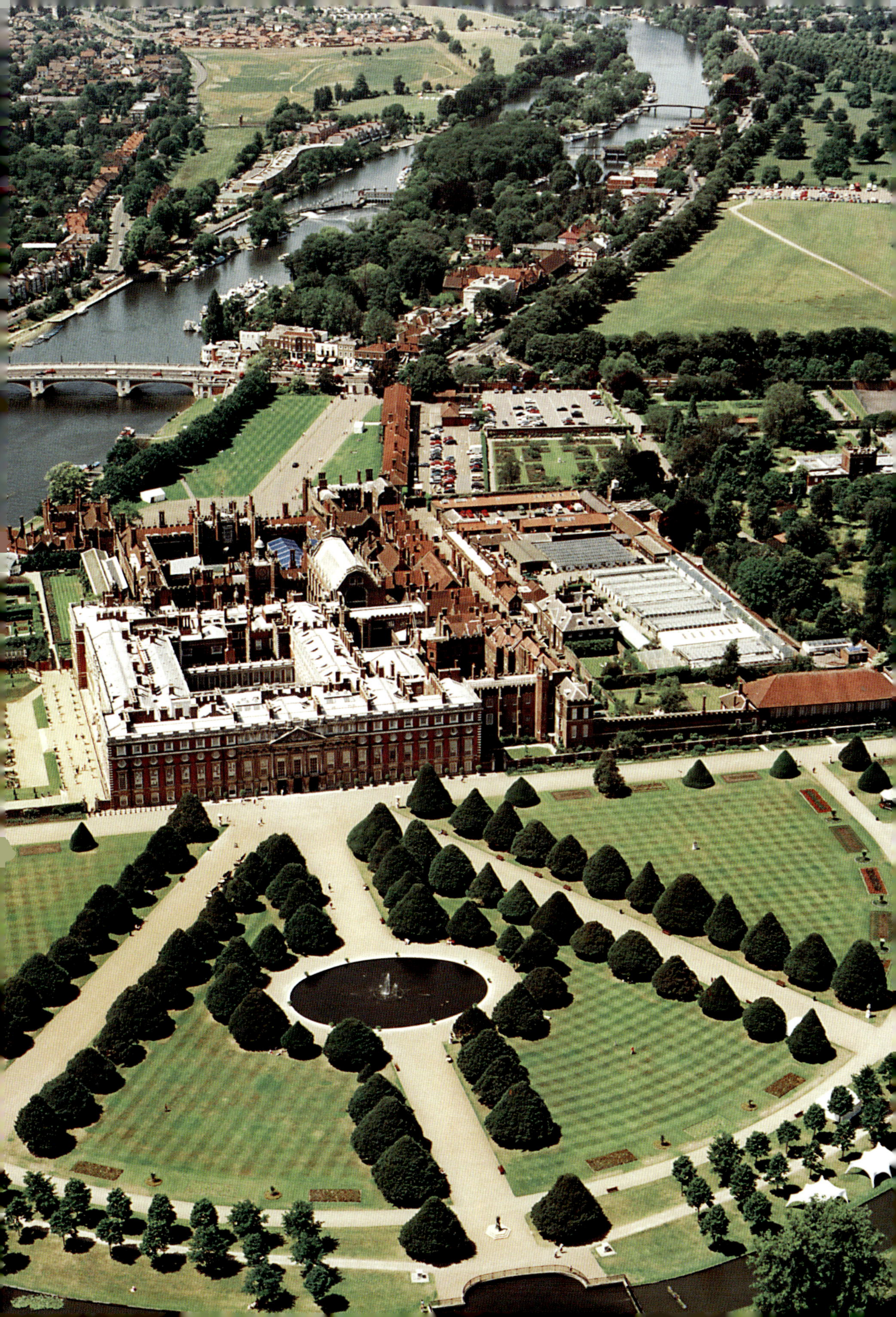

Le château de Windsor

La position élevée stratégique de Windsor, au-dessus de la Tamise, fut la raison pour laquelle Guillaume le Conquérant y bâtit son château – l'une des forteresses avec lesquelles il projetait d'encercler Londres. Sa construction commença en 1070. Il est utilisé comme demeure royale depuis plus de 900 ans.

Henri II (1154–89) fit construire sa **tour ronde** et ses remparts. Il ne fut attaqué que deux fois en 900 ans : en 1193, lorsque Richard Ier était en croisade, puis lorsque les barons se soulevèrent contre le roi Jean. Ce soulèvement mena à la rédaction de la Magna Carta en 1215, qui protégeait les libertés personnelles et politiques des individus.

La **chapelle St George** est un chef-d'œuvre de l'architecture gothique perpendiculaire. Consacrée au saint patron de l'Angleterre, elle rivalise avec l'abbaye de Westminster comme lieu sacré de la monarchie britannique à travers les âges. C'est la chapelle des chevaliers de l'Ordre de la Jarretière, ordre très fermé qui se réunit à Windsor pour l'office de la Jarretière, une des cérémonies très importantes du calendrier royal.

Édouard III fit de Windsor une résidence royale plus confortable au XIVe siècle. À travers les âges, rois et reines y

À DROITE :
appartement
d'État, château
de Windsor

CI-DESSOUS :
visite d'État au
château de
Windsor

À GAUCHE :
le château de
Windsor en
hiver

laissèrent leur empreinte. Au XIXe siècle, sous le règne de George IV, la forteresse de Windsor devint un palais royal somptueux. Les **appartements d'État**, dont la grande salle de réception, la salle Waterloo, la salle du trône de la Jarretière et le hall St-George, contiennent de magnifiques sculptures, meubles, tapisseries et tableaux. En 1992, un incendie terrible détruisit une grande partie du hall St-George, mais il a depuis été soigneusement rénové. Les trésors du château de Windsor comprennent la maison de poupées de la reine Marie, qui fut créée par le grand architecte Sir Edwin Lutyens comme copie du palais royal, au début du XXe siècle.

Le **grand parc de Windsor**, qui couvre 2 000 hectares, était un terrain de chasse royal traditionnel. Il est relié au château par une allée bordée d'arbres de 5 kilomètres appelée Long Walk, créée en 1685 pour donner une vue inégalable du château.

61

Renseignements pratiques

Légende :

🚇 Station de métro la plus proche
🚆 Gare ferroviaire la plus proche

La plupart des lieux touristiques sont fermés le jour et le lendemain de Noël et certains jours fériés. Renseignez-vous sur ces jours.

Apsley House
Hyde Park Corner, W1 Tél. : 020 7499 5676
Ouvert : mar–dim 11h–17h (dernière admission 16h30)
🚇 Hyde Park Corner

Bank of England Museum
(musée de la Banque d'Angleterre)
Bartholomew Lane, EC2 Tél. : 020 7601 5545
Ouvert : lun–ven 10h–17h
🚇 Bank

Banqueting House (Maison des banquets)
Whitehall, SW1 Tél. : 020 7930 4179
Ouvert : lun–sam 10h–17h (parfois fermé avec court préavis pour fonctions d'État)
🚇 Westminster

HMS *Belfast*
Morgan's Lane, Tooley St, SE1 Tél. : 020 7940 6300
Ouvert : tous les jours, mars–oct : 10h–18h, nov–fév : 10–17h
🚇 London Bridge ou bac de Tower Pier

British Library
96 Euston Rd, NW1 Tél. : 020 7412 7332
Ouvert : lun, mer–ven 9h30–18h, mar 9h30–20h, sam 9h30–17h, dim 11h–17h
🚇 Euston/King's Cross

British Museum
Great Russell St, WC1 Tél. : 020 7636 1555
Ouvert : lun–sam 10h–17h, dim midi–18h
🚇 Tottenham Court Rd/Russell Square

Buckingham (palais)
SW1, Tél. : 020 7839 1377 ; tickets 020 7321 2233
Ouvert : août et sep tous les jours 9h30–17h30. Le guichet ouvre à 9h et ferme quand le dernier ticket a été vendu. Il est conseillé d'acheter son ticket avant midi.
🚇 St James's Park/Green Park/Victoria

Cabinet War Rooms
(salles souterraines du Conseil de guerre)
Clive Steps, King Charles St, SW1 Tél. : 020 7930 6961
Ouvert : tous les jours, avr–sep 9h30–18h ; oct–mars 10h–18h (dernière admission 17h15)
🚇 Westminster

Relève de la garde
Palais de Buckingham : avr–fin jul tous les jours à 11h30 (août–fin mars, un jour sur deux). Renseignez-vous au 09064 123411.
🚇 St James's Park/Green Park/Victoria

Horse Guards
Whitehall : tous les jours, lun–sam à 11h, dim 10h. Renseignez-vous au 09064 123411.
🚇 Westminster/Charing Cross

Cutty Sark (clipper)
King William Walk, Greenwich, SE10 Tél. : 020 8858 3445
Ouvert : tous les jours 10h–17h (dernière admission 16h30)
🚆 Cutty Sark (trains locaux Docklands), Greenwich/Maze Hill ou bateau de Westminster, de Charing Cross ou de Tower Pier à Greenwich Pier

Dickens House (maison de Dickens)
48 Doughty Street, WC1 Tél. : 020 7405 2127
Ouvert : lun–sam 10h–17h
🚇 Russell Square/Chancery Lane

Le Dôme
Tél. : tickets 0870 606 2000
Ouvert : tous les jours 10h–18h (il est conseillé d'acheter les tickets à l'avance)
🚇 North Greenwich

FA Premier League Hall of Fame
(panthéon du football de première division)
County Hall, Westminster Bridge Rd, SE1 Tél. : 0870 848 8484 Ouvert : tous les jours 10h–18h (dernière admission 17h)
🚇 Westminster/Waterloo

Gipsy Moth IV
Cutty Sark Gardens, Greenwich, SE10
Tél. : 020 8858 3445
🚆 Même arrêt que pour le *Cutty Sark*

Guards Museum (musée de la garde)
Birdcage Walk, SW1 Tél. : 020 7414 3271
Ouvert : tous les jours 10h–16h
🚇 St James's Park

Guildhall
Gresham St, EC2 Tél. : 020 7606 3030
Ouvert : lun–sam 10h–16h45, dim (mai–sep) et jours fériés printemps/automne 10h–16h45
🚇 Bank/St Paul's/Mansion House

Hampton Court
East Molesey, Surrey Tél. : 020 8781 9500
Ouvert : mi-mars à mi-oct, lun 10h15–18h, mar–dim 9h30–18h ; mi-oct à mi-mars, lun 10h15–16h30, mar–dim 9h30–16h30 (dernière admission 45 mn avant la fermeture)
🚆 Hampton Court

Hayward Gallery
South Bank, Belvedere Rd, SE1 Tél. : 020 7261 0127
Ouvert : mar–mer 10h–20h, jeu–lun 10h–18h (fermé entre les expositions)
🚇 Waterloo

Houses of Parliament (parlement)
Parliament Square, SW1 Tél. : 020 7219 3000
Ouvert : (*Strangers' Gallery House of Commons* pour assister aux débats) : lun–ven à partir de 10h, sauf mer (10h–14h30)
Chambre haute (lords) : lun–ven à partir de 10h
🚇 Westminster

Imperial War Museum
(musée des guerres de l'Empire)
Lambeth Road, SE1 Tél. : 020 7416 5000
Ouvert : tous les jours 10h–18h
🚇 Lambeth North/Elephant & Castle

Jewish Museum (musée juif)
Raymond Burton House, 129 Albert St, NW1
Tél. : 020 7284 1997 Ouvert : dim–jeu 10h–16h (fermé lors des fêtes juives et jours fériés)
🚇 Camden Town

Kensington (appartements d'État du palais)
Kensington Gardens, W8 Tél. : 020 7937 9561
Ouvert : tous les jours, mai–oct 10h–17h, nov–avr 10h–16h
🚇 High St Kensington

Kew (jardins botaniques royaux)
Kew, Richmond, Surrey Tél. : 020 8940 1171
Ouvert : tous les jours à partir de 9h30, tél. pour heures de fermeture
🚇 Kew Gardens

London Aquarium
County Hall, Westminster Bridge Rd, SE1
Tél. : 020 7967 8000
Ouvert : tous les jours 10h–18h (dernière admission 17h)
🚇 🚆 Waterloo/Westminster

London Brass Rubbing Centre
(estampage de plaques en laiton)
St-Martin-in-the-Fields, Trafalgar Square, WC2
Tél. : 020 7930 9306
Ouvert : lun–sam 10h–18h, dim midi–18h
🚇 Charing Cross

London Dungeon
28/34 Tooley Street, SE Tél. : 020 7403 0606
Ouvert : tous les jours, sep–jun 10h30–17h, jul–août 10h30–21h
🚇 🚆 London Bridge

London Eye (Œil de Londres)
South Bank Tél. : 0870 5000 600
Ouvert : tous les jours, avr–oct 9h–22h, nov–mar 10h–18h
🚇 Embankment/Waterloo/Westminster

London Planetarium
Marylebone Rd, NW1 Tél. : 020 7935 6861
Ouvert : (spectacle de 30 mn). Hors congés : lun–ven 12h20 à 16h (dernière admission), toutes les 40 mn ; sam–dim et congés scolaires 10h20–17h
🚇 Baker Street

London Transport Museum (musée des transports)
Covent Garden, WC2 Tél. : 020 7379 6344
Ouvert : sam–jeu 10h–18h, ven 11h–18h
🚇 Covent Garden/Leicester Square

London Zoo
Regent's Park, NW1 Tél. : 020 7722 3333
Ouvert : tous les jours, mars–sep 10h–17h30 ; oct–fév 10h–16h
🚇 Regent's Park/Camden Town

Madame Tussaud's
Marylebone Rd, NW1 Tél. : 020 7935 6861
Ouvert : 9h–17h30 (été) ; lun–ven 10h–17h30, sam–dim 9h30–17h30 (hiver)
🚇 Baker St

The Monument
The Monument St, EC3 Tél. : 020 7626 2717
Ouvert : tous les jours 10h–18h
🚇 Monument

Museum of London (musée de Londres)
London Wall, EC2 Tél. : 020 7600 3699
Ouvert : lun–sam 10h–17h50, dim midi–17h50
🚇 St Paul's/Barbican

National Army Museum (musée de l'armée)
Royal Hospital Rd, SW3 Tél. : 020 7730 0717
Ouvert : tous les jours 10h–17h30
🚇 Sloane Square, puis 10–15 mn à pied

National Gallery
Trafalgar Square, WC2 Tél. : 020 7839 3321
Ouvert : tous les jours 10h–18h (mer jusqu'à 21h)
🚇 Charing Cross/Leicester Square

National Maritime Museum (musée maritime national)
Romney Rd, Greenwich, SE10 Tél. : 020 8858 4422
Ouvert : tous les jours 10h–17h
⇌ Cutty Sark/Greenwich/Maze Hill ou bateau de Westminster, de Charing Cross ou de Tower Pier à Greenwich Pier

National Portrait Gallery
St Martins Place, WC2 Tél. : 020 7306 0055
Ouvert : lun–sam 10h–18h, dim midi–18h
⊖ Charing Cross/Leicester Square

Natural History Museum (musée d'histoire naturelle)
Cromwell Rd, South Kensington, SW7
Tél. : 020 7938 9123
Ouvert : lun–sam 10h–17h50, dim 11h–17h50
⊖ South Kensington

Petticoat Lane (marché)
Middlesex St, E1
Marché principal ouvert : dim 9h–14h
⊖ Aldgate East/Liverpool St

Portobello Rd (marché)
W11
Ouvert : sam 8h–20h
⊖ Ladbroke Grove/Notting Hill Gate

Queen's Gallery
Buckingham Palace Rd, SW1 Tél. : 020 7839 1377
Réouverture en 2002
⊖ Victoria/St James's Park

Rock Circus (musée du rock)
London Pavilion, n°1 Piccadilly, W1
Tél. : 020 7734 7203
Ouvert : tous les jours, mer–lun 10h–17h30, mar 11–17h30
⊖ Piccadilly Circus

Royal Academy of Art
Burlington House, Piccadilly, W1 Tél. : 020 7300 8000
Ouvert : tous les jours 10h–18h (ven jusqu'à 20h30)
⊖ Piccadilly Circus/Green Park

Royal Albert Hall
Kensington Gore, SW7 Tél. : 020 7589 8212
Guichet ouvert : tous les jours 10h–18h
⊖ South Kensington/High Street Kensington

Royal Courts of Justice (Cours royales de justice)
Strand, WC2, Tél. : 020 7936 6000
Ouvert : lun–ven 9h30–16h30
⊖ Temple/Chancery Lane

Royal Mews
Buckingham Palace Rd, SW1
Tél. : 020 7839 1377
Ouvert : août–sep, lun–jeu 10h30–16h30 ; oct–jul, lun–jeu midi–16h
⊖ Victoria/St James's Park

Royal Observatory (observatoire)
Greenwich Park, SE10 Tél. : 020 8858 4422
Ouvert : tous les jours 10h–17h
⇌ Cutty Sark/Maze Hill ou bateau de Westminster, de Charing Cross ou de Tower Pier à Greenwich Pier

Royal Opera House
Covent Garden, WC2 Tél. : 020 7304 4000
⊖ Covent Garden

Segaworld
The Trocadero Centre, Piccadilly Circus, W1
Tél. : 020 7292 0716
Ouvert : dim–jeu 10h–minuit, ven–sam 10h–1h
⊖ Piccadilly Circus

St-Paul (cathédrale)
Ludgate Hill, EC4 Tél. : 020 7236 4128
Ouvert : culte lun–sam 7h15–18h, dim 7h45–17h, visites lun–sam 8h30–16h. Fermé en tout ou partie pour certains offices et occasions.
⊖ St Paul's/Mansion House

Science Museum (musée des sciences)
Exhibition Rd, SW7 Tél. : 020 7938 8000
Ouvert : tous les jours 10h–18h
⊖ South Kensington

Shakespeare's Globe Theatre (théâtre de Shakespeare)
New Globe Walk, Bankside, SE1 Tél. : 020 7928 6406
Ouvert : tous les jours, mai–sep 9h–midi, oct–avr 10h30–17h
⊖ Southwark/London Bridge/Mansion House
⇌ London Bridge

Sir John Soane's Museum
13 Lincoln's Inn Fields, WC2 Tél. : 020 7405 2107
Ouvert : mar–sam 10h–17h, 1er mardi du mois 18h–21h
⊖ Holborn

Tate Britain
Millbank, SW1 Tél. : 020 7887 8000
Ouvert : tous les jours 10h–17h50
⊖ Pimlico

Tate Modern
25 Sumner St, SE1 Tél. : 020 7887 8000
Ouvert : dim–jeu 10h–18h, ven–sam 10h–22h
⊖ Southwark/London Bridge/Mansion House

Thames Barrier Visitors Centre (barrière de la Tamise)
Unity Way, Woolwich, SE18 Tél. : 020 8854 1373
Ouvert : mai–oct, lun–ven 10h–17h30, sam–dim 10h30–18h ; nov–avr, lun–ven 10h–16h30, sam–dim 10h30–17h
⇌ Charlton, ou bateau de Westminster Pier ou via Greenwich

Tower Bridge
SE1 Tél. : 020 7403 3761
Ouvert : tous les jours, avr–oct 10h–18h30 (dernière admission 17h15) ; nov–mar 9h30–18h (dernière admission 16h45)
⊖ Tower Hill

Tower of London (Tour de Londres)
Tower Hill, EC3 Tél. : 020 7709 0765
Ouvert : mar–oct, lun–sam 9h–17h, dim 10h–17h ; nov–fév, mar–sam 9h–16h, dim–lun 10h–16h
⊖ Tower Hill

Trooping the Colour
Départ du palais de Buckingham, SW1, le long du Mall jusqu'à Horse Guards Parade, Whitehall et retour à Buckingham. Anniversaire officiel de la reine (2e sam de juin) à 11h.
⊖ Charing Cross/Westminster

Victoria and Albert Museum
Cromwell Rd, SW7 Tél. : 020 7938 8500
Ouvert : tous les jours 10h–17h45
⊖ South Kensington

Wallace Collection
Hertford House, Manchester Square, W1
Tél. : 020 7935 0687
Ouvert : lun–sam 10h–17h, dim 14h–17h
⊖ Bond St

Westminster (abbaye)
Parliament Square, SW1 Tél. : 020 7222 5152
Ouvert : lun–ven 9h20–15h45, sam 9h20–14h45
Chapitre et musée Tél. : 020 7222 5897
Ouvert : tous les jours 9h30–17h30 (été) ; 10h–16h (hiver)
⊖ Westminster/St James's Park

Westminster (cathédrale)
Ashley Place, SW1 Tél. : 020 7798 9055
Ouvert : lun–ven 7h–19h, sam 8h–19h, dim 7h–20h, 25 déc 7h–16h30
⊖ Victoria/St James's Park

Windsor (château)
Windsor, Berkshire Tél. : 01753 831118
Ouvert : toute l'année (renseignez-vous par tél.)

Ces lieux touristiques sont aussi accessibles en bus. Pour infos et plans de bus gratuits, contactez : London Transport, 55 Broadway, London SW1 Tél. : 020 7222 1234 (24h/24, 7j/7)

Principaux offices du tourisme :

Victoria Information Centre
Victoria Station Forecourt, SW1
Ouvert : lun–sam 8h–19h, dim 8h–18h (ouvert plus tard de jun à sep)

British Visitor Centre
1 Regent St, SW1 Tél. : 020 7808 3800
Ouvert : dim 10h–16h, lun 9h30–18h30, mar–ven 9h–18h30, sam 9h–17h (été), 10h–16h (hiver)

City of London Information Centre
St Paul's Churchyard, EC4 Tél. : 020 7332 3456
Ouvert : avr–sep, tous les jours 9h30–17h ; oct–mar, lun–ven 9h30–17h, sam 9h30–12h30

Southwark Information Centre
6 Tooley St, London Bridge, SE1 Tél. : 020 7403 8299
Ouvert : tous les jours. Pâques–oct : lun–sam 10h–18h, dim 10h30–17h30. Nov–Pâques : lun–sam 10h–16h, dim 11h–16h

London Visitors' Centre
Waterloo International Terminal, SE1
Ouvert : lun–sam 8h30–22h30, dim 9h30–22h30

Greenwich Tourist Information Centre
Pepys House, 2 Cutty Sark Gds, Greenwich, SE10 Tél. : 0870 6082000
Ouvert : tous les jours 10h–17h. Année 2000 : mai–jun 10h–18h, jul–août 10h–20h, sep–déc 10h–18h

Royal Windsor Information Centre
24 High St, Windsor, Berks Tél. : 01753 743900
Ouvert : dim–ven 10h–16h, sam 10h–17h

Bien que cette liste d'informations ait été créée aussi soigneusement que possible, l'éditeur ne saurait accepter aucune responsabilité pour toute erreur ou omission.

Index et légende de la carte

	Page	Numéro de carte
Albert Memorial	33, 34, 35	2
Apsley House	49, 62	8
Aquarium de Londres	2, 3, 62	42
Banque d'Angleterre	14, 62	54
Barbican Centre	14, 15	59
HMS *Belfast*	3, 62	48
Big Ben	37, 38, 39	16
British Library	46, 47, 62	31
British Museum	45, 46, 62	32
Buckingham, palais	24–27, 29, 30, 62	10
Cinema IMAX	2	40
Cours royales de justice	31, 32, 63	37
Covent Garden	51, 52	33
Cutty Sark	5, 62	60
Dôme	5, 62	61
Downing Street	40	20
Greenwich	4–7, 50	60
Guildhall	14, 15, 62	56
Hampton Court, palais	58–59, 62	64
Harrods	54, 55	7
Hayward Gallery	2, 62	39
Horse Guards	29, 30–31, 40	21
Hyde Park Corner	49	8
Kensington, palais	33, 34, 62	1
Kew, jardins	57, 62	63
Lloyds of London	14	52
London Dungeon	62	47
Madame Tussaud's	46, 47, 62	29
Mansion House	14	53
Monument, The	14, 62	51
Musée de Londres	14, 15, 62	58
Musée des guerres de l'Empire	62	43
Musée des sciences	35, 63	4
Musée des transports de Londres	52, 62	35
Musée d'histoire naturelle	35, 63	5
Musée maritime national	5, 63	60
National Gallery	22, 23, 62	23
National Portrait Gallery	22, 23, 63	24
National Theatre	2	38
Observatoire royal	5, 63	60
Œil de Londres	2, 62	41
Opéra royal	52, 63	34
Panthéon du football	2, 62	42
Parlement	30, 31, 36–39, 62	15
Parliament Square	36, 37, 39	18
Petticoat Lane	55, 63	55
Piccadilly Circus	52, 53	25
Planétarium de Londres	47, 62	28
Queen's Gallery	26, 63	11
Rock Circus	52, 54, 63	25
Royal Academy of Art	52, 63	26
Royal Albert Hall	33, 34, 63	3
Royal Festival Hall	2, 3	39
Royal Mews	26, 63	12
St-James, palais	22–23	9
St-Paul, cathédrale	16–19, 63	57
Salles du Conseil de guerre	40, 62	19
Segaworld	52, 63	25
Somerset House		36
South Bank Complex	2, 3	39
Southwark, cathédrale	3	46
Tamise, barrière	57, 63	62
Tate Britain	54, 63	14
Tate Modern	3, 63	44
Théâtre du Globe de Shakespeare	3, 63	45
Tour de Londres	8–12, 63	50
Tower Bridge	13, 63	49
Trafalgar Square	20–23, 31	22
Victoria and Albert Museum	34, 35, 63	6
Wallace Collection	47, 63	27
Westminster, abbaye	36, 41–44, 63	17
Westminster, cathédrale	40, 63	13
Windsor, château	60–61, 63	65
Zoo de Londres	47, 62	30